F.H. Dethleff

Reynke de Vos

Photographien der Holzschnitte nach der Lübecker Ausgabe v. J. 1498

F.H. Dethleff

Reynke de Vos
Photographien der Holzschnitte nach der Lübecker Ausgabe v. J. 1498

ISBN/EAN: 9783743429178

Hergestellt in Europa, USA, Kanada, Australien, Japan

Cover: Foto ©Thomas Meinert / pixelio.de

Manufactured and distributed by brebook publishing software (www.brebook.com)

F.H. Dethleff

Reynke de Vos

Reynke de vos.

Photographien der
Holzschnitte
nach der
Lübecker Ausgabe
v. J. 1498.

Herausgegeben v. F. H. Dethleff.

ROSTOCK 1867.
Verlag v. F. H. Dethleff.

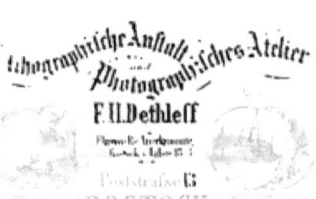

Lithographische Anstalt
und
Photographisches Atelier
F. H. Dethleff

Poststraße 15
ROSTOCK.

Ehrenpreis London 1862.
Ehrenvolle Anerkennung Paris 1865.

C viii

¶ Wo reynke orloff nam vn̄ scheydē vth deme houe, vn̄ fynsede spk wo hewoldē pelegrymacye ghan Wn̄ wo eme de ram den staff dede vn̄ den rentzel an hanghede. Dat xxxiii capittel

Alzus entfenck he synen gast
He sprack. gha wy eten myt der hast
Id is to malen eyn gud veth haze

Wat scholde ik anders doen. desseme dwaze
Dyt hebbe ick eme lange na ghedragen
He wert nu nicht meer ouer my klagen

Men dat en moste bellyn nicht wetten
Dat lampen houet dar ynne stack
He ghynck to bellyn vn sprack

Seer henget den rentzel an yuwen hals
Wn ick vorbede yw. als vn als
Wp dat ick yw nicht brode vorgheue.

C xxiiii

O bōkert de beuer hadde vp gedan
Den sack. myt hyntzē synē kūpan
He toch lampen hóuet bir vth
Do sprack he alsus ouer luth

Dyt is to malen eyn seltzene brieff
Wor is de man de dessen schrieff

Hir beghynnet dat ander boek vā reynken deṁ vosse

¶ In desseme anderen boeke sprickt de poete sunderlykē van deme state der mynschen vn ereme ghebreke. wn volget int erste. wo to deme houe des könynges den he heelt. quemen. nicht alleyne de deren men ock d vögele in groter vorsāmelynge klagende ouer reynken vn sprekē vnd syck so hir na volget.

¶ De könynck heft vns to entboden
Wy moten to houe. dat is van noden
Nicht enhelpet reynken meer syne kunst
He is groff. in d's könynges vngunst

¶ So vele vnser is in deme tal
Vuer reynken wyl wy klagen al
So wan wy komen in den hoff
Dat heft he tegen vns vordnet groff

Ja. wy ock des ghelyck vn vnse kynder
Wente wy syner hebben groten hynder
Vnse eyger vn iungen he nümer enspart
Des kricht he nu eyne quade vart

Dat ander boek

Ja. wy wyllen yw doen vast bystant
Up dat he to degen werde gheschant
Wor syne loszheyt vn valsche laghe
Dat he vns mede schadet heft. vele daghe

Ja. hadde wy eer vns sus besproken
Wy hadden vns lange wol ghewroken
An reynken. deme erlozen deue
wert he nu ghehāgē. so gheschūt vns leue

C xxxi

Ja reynke plecht to syn vorvolgen
Men late vns vry vnse klage vorvolgen
Den schaden he vns to donde plecht
Dat vorkricht he nu syn rechte recht

Ja de konynck hest dat ordel gegeuen
Reynke schal nicht lenger leuen
Eme wert nu alle schande vorlenet
Dat heft he vaken noch vordenet

Dat ander boek

He grymmede seer. vñ was gantz gram
Dar vmme he my nicht beholden mochte
Jck swech. vñ makede altes neen gherochte

Doch moste ick myn eyne oor dar laten
Vñ in myneme hövede iiii grote ghaten
Hir moghe gy seen dyt vnghevoch

C xxxviii

¶ Wo de köninck rede makede in torne myt alle den deren vñ vöghelen vñ wolde reynkē söken. vnde wo dyt ysegryme vñ brunen seer wol behaghede. Dat iii capittel

Dat ander boek

Wente ere vedderen weren noch to kort
Reynke sach dyt. vñ greep se vort
Wente he vaken vmme yacht vth ghynck

Sus sach he komen den greuynck
He vorbeydede syner vñ sprack ene an
Wylkome neue vor yenygen man

Dat drydde boek

De slange was des bereyt
Vn̄ swor em eynen dūren eyd
Em nūmer to schaden in ye̅nyger sake

Do lōzede he en. vth deme vngemake
Se ghynge̅ to same̅de eynen wech entlanck
De slange was van hunger kranck

Dat drydde hoek

So late ik my doch nene dult
Jk werde reysen dorch alle lant
Vñ vragen eft yemande ycht sy bekant
Wā deſſen klenōden, dūrbar vthermaten
Scholde ick myn lyff dar ok vmme laten

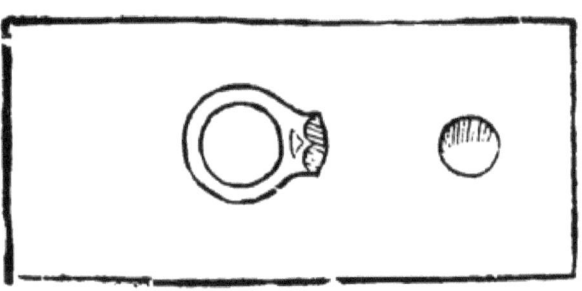

¶ Wo reynke sprickt vñ lucht seer vthermaten, vā deme ersten kleynōde vñ secht
yd sy gheweſt eyn rynck myt eynem eddelen ſteyne, des dōget he al myt loggē vth
sprickt, lanck vñ breet. Dat vi caputtel.

C lxxxiiii

Ik fande ock by belljne dme ram
Der konyginnen eynen kam
Vñ einē fpeygel.ds nicht syn gelik
Mach wesen vp alle deme ertryck
Deffen fpeygel. vñ deffen kam
Jk ok vth mynes vaders fchatte nam

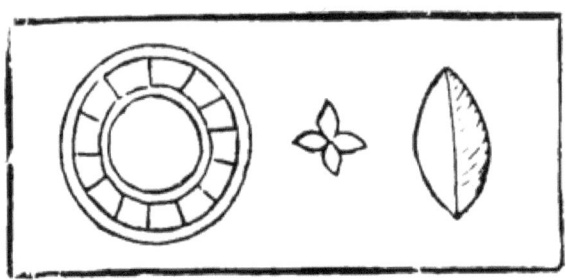

Wo vaken hebbe ick vñ myn wyff
Hir vmme ghehat. groten kyff
Wente fe neen gud vp deffer erde
Men allene deffe klenode. vā my begherde
Nu synt fe ghekomen van der hant
Deffe twey klenode. hadde ik ghefant

¶ De figure vñ ghestaltenysse des speygels

Dat drydde boek

Machstu al dûre noch bryngen vth
Sytte vp my. vñ lathe vns yagen
De herde sprack. ick wyl yd wagen
Se redden hen myt alleme vlyd
Vñ quemen by dat herte. in korter tyd
Se redden eme na. vp deme spor
Se eme dat na. dat herte leep vor

Dat perd syck wol halff begaff
Jd sprack to deme mâne. sytte wat aff
Jk byn mode. laet my wat rowen

Dat drydde boek

Machstu al dûre noch bryngen vth
Sytte vp my. vñ lathe vns yagen
De herde sprack.ick wyl yd wagen
Se redden hen myt alleme vlyd
Vñ quemen by dat herte.in korter tyd
Se redden eme na. vp deme spor
Se eme dat na. dat herte leep vor

Dat perd syck wol halff begaff
Id sprack to deme mane. sytte wat aff
Ik byn mode. laet my wat rowen

Dat drydde boek

¶ Wo reynke sprickt vā dem ezel vñ hūd vñ
lucht co degen. noch vā dem speygel. Dat. x

Ik spreke ok dat in dem spergel stūt
Wo dat eyn ezel vñ eyn hunt
Deneden beyde eyneme ryke man
Mē de hunt de meyste gūst ghewā
He sath by synes heren dysch
Vñ ath myt eme. vlesch vñ vysch
He nam en vaken vp den schod

¶ Hyntze sprack, wo yd vns gaet
Ik weet allene eynen raet
Den moet ik bruken, dat segge ik yw om
Alzus spranck he vp eynen bom

Dar eme de hunde nicht konden schaden
Sus wolde he mynen vader vorraden
Den he in anxste leet staen
Myt des quemen en de yegers an
Hyntze sach dyt vn sprack

vñ toch em also den knoken vth
Do reep de wulff ouer lud
we my wee. du deyst my seer
Men ick vorgheuet dy. do des nicht meer
wan my dat eyn ander so de de
Nůmer ick dat van em lede

¶ weset to vreden. sprack lütke de kron
By synt ghenesen. gheuet my myn lon

Dattu weest van lampen dode
wente ik vorlosz lampen node
Vorwar ik hadde lampen leff

Wo bellyn dat myt eme dreff
He brachte vns hir syn houet
Ik bedrouede my meer wan yennich louet

Hir endyghet dat drydde boek vā reynken dem vosse.

Hir beghynnet dat verde boek van reynken dem vosse

Eyne vorrede ouer dat verde boek

¶ In dessem verdē boeke leret de lerer vñ de dichter desses bokes vele schoner lere· vñ ghelyk alze hirvor in dem boeke vele is ghesecht vā dem weghe d rechtferdicheyt. vñ dat eyn ankleger eyner sake. myt nochaftygē tüghen best kan vort ghan in der klaghe. vñ so küpt yd vakē dat eyn dede wert besecht. dat eme nicht wert na gheghan myt tügen. edder dat

Dat verde boek

Do ik yw horde in deme putte
Do spreke gy wedder. yd were my nutte
Ik scholde in den anderē ammer stygen
Ja. ik scholde dēne vyssche. de vulle krygē
In vntyd quā ik den suluē wech dar
Ik meende gy haddē ghesproken war

Gy sworen eynen eyd. by yuwer sele
Gy hadden der vyssche getten so vele
Dat vw dar van we de de dat lyff
Des lóuede ik yw. ik dulle wyff

Dat verde boek

De vth buth den kamp. dat is dat recht
Eynen hantschē dem anderē. to donde plecht
Den hebbe gy hir. nemet to yw

Draden schal syck dat vynden nu
Her könynck vn̄ alle gy heren ghemeyn
Dyt hebbe gy gehoret. vn̄ gy mogēt hir seyn

Do ghynck de lupard myt deme losse
To en beyden in den kreyt
So alze en de könynck dat heyt

Desse wareden den kreyt. dat was er werck
Alze se quemen in den perck
To hant spreken se reynken to